AF283558

Dedicado a mis hijos, Celia y Miguel,
que han sido mi luz y mi faro.

Desde el principio de los tiempos, las personas han buscado señales, faros que les guíen en momentos de incertidumbre. Y aunque los faros parecen estar fuera, en realidad, siempre han estado dentro de cada uno de nosotros. Luz, nuestro protagonista, aún no lo sabe, pero está a punto de descubrirlo.

Luz vivía en un pequeño pueblo cerca del mar, un lugar donde las olas chocaban con fuerza y los vientos parecían susurrar secretos antiguos. Sin embargo, a pesar de la belleza de su entorno, Luz se sentía perdido. Muchas veces se encontraba en medio de decisiones difíciles, con caminos bifurcados frente a él, sin saber qué dirección tomar.

A menudo, en esas situaciones, Luz intentaba resolver las cosas con su mente, pero cuanto más pensaba, más confuso se sentía. Escuchaba las opiniones de los demás, veía lo que otras personas hacían, y sin darse cuenta, se alejaba más de lo que él mismo realmente quería. ¿Cómo saber si una decisión era la correcta? ¿Cómo evitar perderse entre tantas opciones?

Un día, mientras paseaba por la costa, Luz observó un faro a lo lejos, encendido en medio de una tormenta. Algo en ese faro llamaba su atención, una conexión misteriosa. Y, sin dudarlo, decidió emprender el viaje para encontrarlo. Lo que no sabía es que este viaje sería mucho más que una simple caminata hacia el faro. Sería una travesía hacia lo más profundo de su ser.

# Capítulo 1: El laberinto de las dudas

Luz despertó en medio de un laberinto. Los muros altos de piedra gris parecían no tener fin, y cada vez que giraba una esquina, se encontraba en el mismo lugar.

 A su alrededor, las voces de las dudas susurraban sin cesar:

«¿Estás haciendo lo correcto?».

«¿Y si te equivocas?».

«Todos te están observando. No puedes fallar».

Las palabras se enredaban en su mente, haciéndolo sentir atrapado. Luz caminaba cada vez más rápido, buscando una salida, pero cada intento lo llevaba de vuelta al mismo punto. El peso de las dudas se hacía más grande con cada paso, hasta que finalmente se detuvo en seco.

¿Y si las respuestas no estaban en lo que veía, sino en lo que sentía?

Luz cerró los ojos, bloqueando los murmullos. Lentamente, se concentró en su respiración, en el latido tranquilo de su corazón.

Al cabo de unos instantes, el silencio comenzó a surgir, y en medio de ese silencio, una voz suave y clara emergió desde lo más profundo de su ser.

«Confía en ti».

Guiado por esa voz interior, Luz dejó de mirar afuera y se concentró en su intuición. Dio un paso al frente, luego otro, y otro más, hasta que al abrir los ojos de nuevo, se encontró fuera del laberinto. Las dudas no lo habían dejado, pero ahora sabía que no tenía que escucharlas. Había algo más fuerte dentro de él: su intuición.

## Capítulo 2: El mar de las emociones

El laberinto quedó atrás, pero el camino lo llevó hasta el borde de un vasto mar. Las olas rompían con fuerza en la orilla, y el cielo parecía reflejar la intensidad de las emociones que Luz sentía en ese momento.

Cada ola representaba una emoción: el miedo, la tristeza, la incertidumbre... y todas parecían querer arrastrarlo hacia las profundidades.

Por un momento, Luz dudó. El mar era inmenso y las emociones poderosas. Sentía que no podía controlarlas, que lo iban a arrastrar. Pero recordó lo que había aprendido en el laberinto: la respuesta no estaba en el control, sino en la confianza.

Se quitó los zapatos y se adentró en el agua, permitiendo que las emociones lo rodearan. Luz intentó nadar contra ellas, pero cuanto más lo hacía, más fuerte era el oleaje.

De repente, recordó algo: no tenía que luchar contra las olas, sino aprender a surfearlas. Se dejó llevar por cada una, aceptando cada emoción sin resistirse.

Aprendió a deslizarse sobre ellas, dejándose llevar, sintiendo el miedo sin luchar contra él, dejándose envolver por la tristeza sin tratar de escapar.

Cuanto más aceptaba las emociones, más ligero se volvía. Las olas ya no lo arrastraban y, pronto, Luz descubrió que podía flotar sobre ellas. En lugar de hundirse, aprendió a navegar por ese mar de emociones, entendiendo que no se trataba de evitarlas, sino de escucharlas y aprender de ellas.

## Capítulo 3: La montaña de los miedos

Tras cruzar el mar, Luz llegó a los pies de una enorme montaña. El aire era frío, y la cima estaba cubierta por una espesa niebla.

En lo más alto, el faro interior esperaba, pero para llegar allí, Luz tendría que enfrentarse a algo que había tratado de evitar durante mucho tiempo: sus miedos.

Cada paso hacia la cima se hacía más difícil. A medida que subía, las sombras del pasado surgían en su camino: el miedo a fallar, el miedo al rechazo, el miedo a lo desconocido.

Cada miedo era como una roca en su mochila, haciéndolo sentir más pesado y más pequeño.

En un momento de desesperación, Luz se sentó en una roca a mitad de camino. Las dudas y el temor lo rodeaban de nuevo. Pero recordó el mar, recordó cómo había aprendido a flotar sobre las emociones.

Se dio cuenta de que los miedos eran como esas olas: solo podían arrastrarlo si se aferraba a ellos.

Decidido, Luz se levantó. En lugar de evitar sus miedos, los enfrentó uno por uno. Cada vez que un temor surgía, Luz lo reconocía, lo sentía y luego lo dejaba ir. Y con cada miedo que liberaba, el peso en su mochila se hacía más ligero.

Finalmente, llegó a la cima. Respirando profundamente, sintió el alivio de haber dejado atrás sus temores.

El faro brillaba en la distancia, mostrándole que el camino siempre había estado allí, solo tenía que confiar en sí mismo para verlo.

## Capítulo 4: El desierto de la reflexión

Después de la montaña, Luz entró en un desierto inmenso y silencioso. La arena dorada se extendía hasta donde alcanzaba la vista, y el calor era intenso.

Aquí, no había desafíos externos, pero el verdadero reto estaba dentro de él mismo.

Cada paso en el desierto era una invitación a reflexionar. Luz comenzó a recordar momentos de su vida en los que se había sentido perdido o inseguro. Recordó los días en que había ignorado las señales de su cuerpo, cuando había seguido el camino que otros le marcaban en lugar de escuchar su propia intuición.

El sol estaba en su punto más alto cuando Luz comprendió algo esencial: todo este viaje había sido para recordar lo que ya sabía, lo que siempre había estado dentro de él. No se trataba de encontrar respuestas afuera, sino de redescubrir su propia sabiduría.

Con una sonrisa, Luz siguió caminando, sabiendo que estaba cada vez más cerca de su destino.

## Capítulo 5: El faro interior

Al final del desierto, el faro apareció ante Luz, majestuoso y brillante. No era un faro común, sino una luz interior que ahora comprendía completamente.

Todo el viaje había sido para llegar a este punto, para entender que las respuestas no estaban en el laberinto, ni en el mar, ni en la montaña o el desierto. Las respuestas siempre habían estado dentro de él, guiándolo, esperando a ser escuchadas.

Luz extendió la mano hacia la luz del faro y, en ese momento, sintió una paz profunda. Ya no necesitaba buscar más. Sabía que, siempre que se sintiera perdido, solo tendría que cerrar los ojos, escuchar su cuerpo y dejar que esa luz interior lo guiara.

«Siempre ha estado aquí», pensó Luz, sonriendo. Y con esa certeza, emprendió el regreso a casa, sabiendo que, aunque el camino de la vida estuviera lleno de desafíos, ahora tenía el faro más importante de todos: el de su interior.

# Agradecimientos

Este cuento nace del corazón, inspirado por las lecciones más profundas que la vida y el amor me han dado.

A mi madre, cuya partida me enseñó que las enfermedades van más allá del cuerpo físico, y que cada una trae consigo un mensaje que debemos escuchar con atención. Su fortaleza me llevó a profundizar en la sabiduría del cuerpo y la importancia de reconectar con nuestro interior.

A mi padre, que en su lucha diaria me sigue recordando lo fundamental que es escucharnos a nosotros mismos y atender las señales que nos manda nuestro ser.

A mis hijos, Celia y Miguel, que son mi luz constante. Ellos me inspiran con sus preguntas y búsqueda de respuestas. Y con su valentía al enfrentar retos, me recuerdan cada día lo que significa superar obstáculos.

A mi marido, por su amor y apoyo incondicional en cada paso de este viaje.

A mis hermanos y demás familia, que son mi refugio y mi fortaleza.

Y a mis amigos, que siempre me han alentado y me han brindado sus consejos con cariño y generosidad.

Gracias a todos los que me rodean, porque sin ellos, este faro no habría brillado tan fuerte ni tan lejos.

©Belén Boluda Segura (de la obra)
©Apuleyo Ediciones (de esta edición)
Primera edición en Apuleyo Ediciones: febrero 2025
Diseño de cubierta: Alejandro Rosas
Corrección: Aida Ramos
Maquetación: Alejandro Rosas
Ilustraciones: Romina Camoranesi
Coordinación editorial: Isidoro Cidre González
info@apuleyoediciones.com
www.apuleyoediciones.com
ISBN: 978-84-1060-465-0
Depósito legal: H 669-2024

No está permitida la reproducción total o parcial de este libro, ni su tratamiento informático, ni la transmisión de ninguna forma o por cualquier medio, ya sea electrónico, mecánico, por fotocopia, por registro u otros métodos, sin permiso previo y por escrito de los titulares del copyright.

Hecho e impreso en España.